Felix & Theo

Elvis in Köln

Langenscheidt

Berlin · München · Wien · Zürich
London · Madrid · New York · Warschau

Leichte Lektüren
Deutsch als Fremdsprache in drei Stufen
Elvis *Stufe 1*
– mit Mini-CD

Dieses Werk folgt der neuen Rechtschreibung
entsprechend den amtlichen Richtlinien.

© 2005 by Langenscheidt KG, Berlin und München

Druck und Bindung: Stürtz GmbH, Würzburg

ISBN 978-3-468-49717-9

11050

Die Hauptpersonen dieser Geschichte sind:

Helmut Müller, Privatdetektiv, wird zu einem Kostümfest eingeladen und weiß nicht, wie er sich verkleiden soll.
Bea Braun, Sekretärin von Helmut Müller, ist auch eingeladen und ein bisschen verliebt.
Alfred Hübner, der hat Geburtstag und feiert im Kölner Karneval.
Peet, ein Musiker aus Berlin, macht auf der Party den Disc-Jockey.
Karl will nur Zigaretten holen und vermisst seine Brieftasche.
Ilse ist verkleidet als Marilyn Monroe und wird auch bestohlen.
Zorro flirtet mit Bea Braun und schaut dauernd auf die Uhr.

6

1

„Alaaf!"

„Wie bitte?" Privatdetektiv Helmut Müller schaut zu seiner Sekretärin.

„Alaaf, sagte ich!"

„Ist das niederländisch oder isländisch, oder chinesisch? Ich verstehe nicht ...".

„Mensch, Chef, warum denn so ernst? ‚Alaaf' ist der Karnevalsgruß in Köln!"

Bea Braun kommt fröhlich ins Büro. Sie hat einen Brief in der Hand.

„Sehen Sie mal! Wir haben eine Einladung bekommen:"

Helmut Müller liest die Einladung.

„Ach, Alfred, unser alter Freund, wird fünfzig! Das ist aber eine komische Idee, ein Maskenball."

„Das ist doch toll! Karneval in Köln! Da wollte ich schon immer mal hin, das ist die Gelegenheit!"

Müller hält die Karte in der Hand und ist nicht begeistert.

„Sie können ja gerne fahren, aber ohne mich ..."

„Mensch, Chef! Das wird bestimmt lustig, eine Geburtstagsparty als Maskenball. Und wir haben Alfred schon so lange nicht mehr gesehen. Wissen Sie noch, damals in München, die Geschichte auf dem Oktoberfest[1], oder die Sache mit den Drogendealern[2]. Ohne Alfred hätten wir die Fälle nicht gelöst."

Müller betrachtet seine Sekretärin und erinnert sich natürlich an die beiden Fälle. Alfred Hübner, Pressefotograf und Charmeur. Klar, dass Bea Braun ihn gerne wiedersehen möchte.

„Ich weiß, ich weiß. Aber wenn Sie Alfred gerne wiedersehen möchten, muss ich doch nicht dabei sein."

„Oha, höre ich da ein bisschen Eifersucht in der Stimme?"

„Ich sagte: Wir! Schließlich sind wir beide eingeladen. Seit Alfred beim Kölner Express[3] als Reporter arbeitet, haben wir keinen Kontakt mehr. Und das ist doch schade, oder? Los, Chef!"

„Ich weiß nicht ... und noch dazu ein Maskenball. Ich habe ja nicht mal ein Kostüm ..."

„Da finden wir schon was!"

Bea Braun setzt sich an ihren Schreibtisch, holt ein Blatt Papier und schreibt:

„Wie wäre es mit ‚Obelix'[4]?"

„So ein Quatsch! Und Sie sind dann ‚Asterix'[5]? Nein, nein, nein!"

„Sie sind doch als Kind bestimmt zu Maskenbällen gegangen. Wie waren Sie denn da verkleidet?"

Müller lächelt und denkt an die Zeit, als er sich als Kind auf die Karnevalszeit gefreut hat. Alle Jungen wollten Cowboys sein. Aber er, Helmut Müller, war ein Indianer.
„Indianer! Ich war immer ein Indianer."
„Das geht ja nun leider nicht mehr. So dicke Indianer gibt es nicht ..."
„Bea! Noch so eine Bemerkung und ich fahre nicht mit!"
Helmut Müller lächelt. Natürlich ist er zu dick. Ein dicker Indianer, das geht wirklich nicht.
„Tschuldigung, Chef! Hab ja nur gemeint ... . Aber wie wäre es mit Sherlock Holmes[6]?"
„Unsinn!"
„Oder Sie gehen als Monster?"
„Blödsinn!"
„Popstar?"
„Kennen Sie einen Popstar mit meiner Figur?"
Bea legt den Zeigefinger an die Stirn und ruft begeistert:
„Elvis! Genau! Sie kommen als Elvis[7]!"

2

Privatdetektiv Helmut Müller und seine Sekretärin Bea
Braun stehen vor einem Geschäft in Kreuzberg.
‚Kostümverleih' steht in großen goldenen Buchstaben auf
dem Schaufenster.
„Also ich weiß nicht ..."
„Nichts da! Nur Mut!"
Bea Braun zieht Müller am Ärmel und sie gehen in das Ge-
schäft.
Ein junger Mann mit blond gefärbten kurzen Haaren
kommt auf sie zu.
„Hey! Na ihr beiden, was darf's denn sein?"
„Also mein Chef, äh, ich meine, der Herr hier möchte ger-
ne ein ‚Elvis-Kostüm'!"
Kritisch blickt der junge Mann auf Müller.
„Elvis? Sie meinen Elvis Presley? Na ja, da gibt es eigent-
lich kein Kostüm ..."
„Hab ich doch gleich gesagt! Elvis hatte nie ein Kostüm!
Einfach Jeans und ein Hemd und eine Gitarre, das war El-
vis! ‚The King' brauchte kein Kostüm, er war auch so der
Größte ..."
Müller lächelt souverän und wendet sich zum Ausgang.
„Na ja, der späte Elvis brauchte dann schon ein Kostüm,
oder besser gesagt, ein Korsett!"
Der junge Verkäufer und Bea kichern.
„So ein Quatsch! Ihr wart damals doch noch viel zu jung!
Ihr wisst doch gar nichts! Alles Propaganda!
Ich gehe als junger Elvis, in Jeans und Hemd, und basta!"
„Mensch, Chef, seien Sie doch nicht beleidigt! Jeans und
Hemd, das ist doch kein Kostüm!"
„Also, Herrschaften, ich glaube, ich habe da etwas für Sie ..."
Der Verkäufer geht in den Nebenraum und kommt nach ein

paar Minuten mit einer großen Plastiktüte zurück.
Vorsichtig macht er die Verpackung auf und präsentiert den
beiden einen weißen Anzug mit Pailletten.

„Um Gottes willen! Niemals! Das ziehe ich nicht an! Damit
sehe ich ja aus wie, äh, wie ...?"
„Elvis!"
Bea Braun nimmt den Anzug, hält ihn Müller vor und ist be-
geistert.
„Perfekt! Absolut perfekt! Damit sehen Sie super aus,
Chef!"
Der junge Verkäufer legt noch eine kleine Plastiktüte auf
den Tisch.
„Und was ist das?" Helmut Müller nimmt die Tüte in die
Hand.
„Koteletten!"
„Was?"
„Koteletten! Backenbart! Der späte Elvis hatte ziemlich
große Koteletten. Damit sehen Sie wirklich echt aus!"

Müller füllt einen Schein aus. Bezahlen muss er erst, wenn
er das Kostüm zurückbringt.
„Passt bestimmt nicht! Ist sicher viel zu groß ..."
„Dann kann ich es enger machen, Chef. Jetzt fahren Sie erst
mal nach Hause und probieren den Anzug."

Helmut Müller steht vor dem Spiegel in seinem Schlaf-zimmer.

Der Anzug ist nicht zu groß. Eigentlich ist er zu klein. Mül-ler muss den Bauch einziehen, damit die Hose passt.

Aber das Kostüm gefällt ihm.

Er dreht sich vor dem Spiegel und je länger er sich be-trachtet, desto besser gefällt er sich als Elvis.

Im Schrank findet er noch alte schwarze Stiefel, dann klebt er sich die Koteletten an die Backen und holt vom Schrank einen großen Karton.

„Irgendwo hier müssen sie doch sein ...?"

Müller sucht seine alten Elvis-Platten.

„Ha! Ich hab's gewusst! Hier sind sie!"

Mit den Platten geht er ins Wohnzimmer.

„Jailhouse Rock! Genau, diese Platte zuerst. Und dann ... ja, ‚Heartbreak Hotel' und ‚Teddy Bear', alles Klassiker des Rock'n'Roll!"

Müller legt die Platte auf und mit schwingenden Hüften geht er ins Badezimmer. Mit Haarbürste und Spray verän-dert er seine Frisur.

„Hallo, Elvis!"

Zufrieden lächelt Müller in den Spiegel.

„Guten Morgen, Chef!"

„Guten Morgen, Bea!"

Müde betritt Helmut Müller das Büro. Er hat wenig geschlafen. Er hat sehr lange Platten gehört und immer wieder vor dem Spiegel Elvis Presley imitiert.

„Passt das Kostüm?"

„Ja, perfekt!"

Müller überlegt, wie lange es noch dauert bis zum Maskenball. Fast zwei Wochen! Da kann er ja noch ein paar Pfunde abnehmen und dann passt das Kostüm bestimmt!

„Bea, Sie könnten ja gleich mal die Fahrkarten besorgen und Zimmer für uns reservieren."

„Wann wollen wir denn fahren?"

„Ja, also der Maskenball ist am Samstag. Und an dem Wochenende gibt es bestimmt viel zu sehen in Köln. Wir machen einfach Betriebsurlaub und fahren am Donnerstag!"

„Super, Chef! Ich ruf sofort an!"

Eine Stunde später ist Bea Braun ziemlich enttäuscht.

„Schlechte Nachrichten, Chef! In ganz Köln kein freies Hotelzimmer! Ich habe überall angerufen, alles belegt! Wie schade ..."

„Rufen Sie doch einfach den Alfred an! Sagen Sie ihm, dass wir gerne kommen, aber leider kein Zimmer haben. Vielleicht kennt er ja ..."

„Wird sofort erledigt! Gute Idee!"

Bea wählt die Telefonnummer von Alfred Hübner.

„Guten Tag! Hier ist der automatische Anrufbeantworter von Alfred Hübner. Ich bin zurzeit nicht zu Hause, aber Sie können mir eine Nachricht hinterlassen ..."

„Er ist nicht da. Nur der Anrufbeantworter!"
„Geben Sie mir mal das Telefon!"

Nach dem Piepton spricht Müller eine Nachricht für Alfred Hübner auf den Anrufbeantworter:
„Hallo, Alfred! Hier ist Helmut! Danke für die Einladung! Wir möchten gerne kommen, aber in Köln gibt es kein einziges freies Hotelzimmer! Kannst du uns was besorgen? Schick mir doch ein Fax! Bea freut sich schon so ..."
„Halt, Chef!", protestiert Bea.
Müller legt lächelnd auf.

Der Zug fährt langsam in den Kölner Hauptbahnhof ein.
„Da! Da ist er!"
Bea Braun winkt hinter dem Fenster des ICE.
„Ich glaube, er hat uns nicht gesehen!"
„Tja, dann dauert es zwei Minuten länger, bis Sie Ihren Kuss bekommen ..."
„Pfffft!"
Langsam gleitet die Zugtür auf und Alfred Hübner streckt beide Arme aus.
„Hallo! Ich freue mich!"
Zuerst umarmt er Bea - ohne Kuss - und dann Helmut Müller.
„Das war eine prima Idee, heute schon zu kommen! Ihr könnt mir nämlich helfen ..."
„Nichts da, mein Freund! Wir sind hier nur zum Vergnügen! Wir machen nämlich Betriebsurlaub!"
Lächelnd zwinkert Müller Bea zu.
„Genau! Wir sind hier, um uns zu amüsieren und nicht um zu arbeiten!"
„Na gut, dann könnt ihr aber nicht bei mir wohnen ..."
Lachend gehen die drei zu Alfred Hübners Auto.

Sie fahren am Dom vorbei, Richtung Norden und Alfred erklärt seinen Freunden den Weg.
Nach ca. 10 Minuten halten sie vor einem schönen Altbau.
„Hier wohne ich: Thürmchenswall 62! Wir bringen jetzt euer Gepäck nach oben und dann müssen wir sofort wieder los!"
„Wieso? Wir sind doch gerade erst angekommen ...?"
„Helmut, ich dachte, du willst etwas erleben? Heute ist Weiberfastnacht, da müssen wir hin!"

Bea Braun, Helmut Müller und Alfred Hübner spazieren am Rhein entlang Richtung Altstadt. Sie wollen zum ‚Alten Markt'. Auf den Straßen treffen sie immer mehr verkleidete Menschen. Alle sind bester Laune.
Je näher sie zu dem Platz kommen, desto dichter wird die Menschenmenge. Und bei lauter Musik, Tanz und ausgelassener Stimmung werden die drei Freunde von der Menge verschluckt.

Nach einem gemütlichen Frühstück fahren die drei am nächsten Morgen zum ‚Halve Hahn'[8].

„Also, hier ist die Garderobe. Da könnt ihr eure Sachen aufhängen. Im Saal findet der Maskenball statt. Dort hinten ist die Bar und hier dachte ich, könnten wir das Buffet aufbauen ..."

Alfred Hübner zeigt Bea und Helmut Müller die Räume.

„Prima! Und wo ist die Musik?"

„Darum kümmert sich Peet. Der kommt später mit seiner Stereoanlage, Boxen und viel Musik."

„Hoffentlich hat er auch Rock'n'Roll dabei! Unser Elvis liebt ..."

„Bea! Sie wollen mir auch nicht verraten, wie Ihr Kostüm aussieht! Das soll doch eine Überraschung werden!"

„O Gott! Tschuldigung, Chef!"

Aber Alfred hat gar nicht zugehört. Er packt bunte Papierschlangen, Lampions und sonstiges Dekorationsmaterial aus.

„Bea und ich, wir dekorieren die Tanzfläche, und du, Helmut, die Bar!"

Alfred gibt Müller eine Rolle mit buntem Papier, Klebeband und Schere.

Nach einer Stunde schauen die Räume ganz anders aus: Ein Dschungel aus Luftschlangen, bunten Säulen, farbigen Lampions.

„Prima! Das gefällt mir gut! Jetzt sieht es aus wie die Bühne für einen Maskenball! Wie spät ist es?"

Bea steht in der Mitte der Tanzfläche und ist begeistert.

„Erst vier Uhr! Wir haben noch Zeit! Ich schlage vor, wir gehen erst mal Kaffee trinken. Dann gehen wir nach Hause und ziehen uns um und kommen so gegen sieben Uhr zurück. Um 7 Uhr kommt das Essen fürs Büfett und bestimmt kommen dann auch die ersten Gäste!"

Alfred schaut zufrieden auf den Saal.

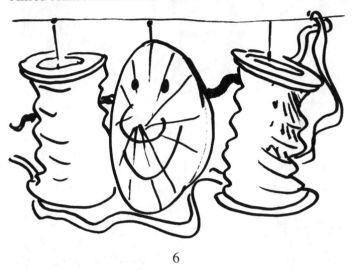

6

„Beeilung, das Taxi ist da!"

„Moment, einen Moment bitte, meine Koteletten fehlen noch ..."

Endlich ist die Verkleidung komplett und Elvis tritt aus dem Badezimmer.

„Klasse!"

„Super! Helmut, äh, ich meine Elvis, du siehst spitze aus!"

Alfred Hübner, als orientalischer Scheich verkleidet, und Bea Braun, im Kostüm eines Go-go-Girls[9], bewundern Müller.

Zufrieden dreht sich der Privatdetektiv um die eigene Achse, dann schaut er Bea Braun an:
„Ist das nicht ein bisschen zu kalt für diese Jahreszeit?"
Kritisch betrachtet Müller das knappe Kostüm von Bea.
„Chef! Go-go-Girls tanzen, dabei wird ihnen warm!"
„Schluss jetzt, ihr beiden! Das Taxi wartet!"
Alfred schiebt die beiden Detektive aus der Wohnung.

Das Taxi hält vor der Gaststätte. Am Eingang steht ein Schild: „Private Veranstaltung!"

Im Saal hören sie laute Musik. Peet probiert die Musik-anlage.

Sie hängen ihre Mäntel in der Garderobe auf, dann begrüßt Helmut Müller seinen alten Freund:

„Mensch, Peet, dich habe ich ja seit einer Ewigkeit nicht mehr gesehen! Wie geht es dir?"

„Danke, bestens! Das Kostüm steht dir prima. Ach, und da ist auch Bea ..."

„Hallo!"

Zusammen gehen sie zum Büfett: Salate, belegte Brötchen, Frikadellen, Käse, Obst und ein riesiger Topf mit Gulasch-suppe.

Alle helfen und Müller muss immer wieder mal probieren.

„Jetzt ist aber Schluss, Helmut! Sonst ist das Büfett schon leer, bevor das Fest überhaupt angefangen hat! Finger weg!"

„Ich muss ja nur probieren, wie es schmeckt ..."

Die ersten Gäste kommen.

Viele Bekannte aus alten Tagen. Es dauert immer einige Zeit, bis sie sich erkennen, alle sind verkleidet:

Piraten, Punks, Cowboys, Clowns, Nixen, Cowgirls, He-xen.

Der Saal füllt sich immer mehr: Müller sieht einen Torero, einige Matrosen und Kapitäne, einen Mann verkleidet als Zorro mit schwarzer Maske, einen Nikolaus, Greta Garbo, Marilyn Monroe mit blonder Perücke.

Müller amüsiert sich.

7

Helmut Müller steht am Büfett und unterhält sich mit alten Freunden.

Plötzlich zupft ihn jemand am Ärmel.

„Helmut, kommst du bitte mal, es gibt ein Problem ...“

Er folgt Alfred zur Garderobe.

„Ein Problem? Wieso? Alle amüsieren sich prächtig! Oder geht das Bier aus?“

„Nein, im Ernst. Komm mal mit!“

In der Garderobe steht Karl. Er sieht ziemlich ratlos aus.

„Ich bin sicher, dass ich sie in die Manteltasche gesteckt habe ...“

„Was ist los, Karl?“

„Meine Brieftasche, ich wollte nur Zigaretten holen und da war sie weg ...“

„Bist du sicher?“

„Klar, Mann! Ich stecke sie immer ein, da ist ja auch mein Führerschein drin und Kreditkarten und ...“

„Hallo, ihr Süßen, darf ich mal vorbei ...?“

„Hallo, Ilse! Klar, geh nur ...“

Ilse, verkleidet als Marilyn Monroe, geht in die Garderobe.

„So ein Mist, wo ist sie denn?“

Ilse sucht unter den Mänteln und Jacken nach ihrer Handtasche.

„Eben war sie doch noch da ...“

„Was suchst du denn, Ilse?“

Alfred Hübner betrachtet nachdenklich die Suche.

„Meine Handtasche! Ich war vorhin auf der Toilette und habe sie wieder unter meinen Mantel gehängt, jetzt find ich sie nicht mehr ...“

Karl drängt sich an Müller vorbei in die Garderobe.

„Irgendwer klaut hier! Meine Brieftasche ist auch weg!“

„Um Gottes willen, das darf doch nicht wahr sein! In der Handtasche sind alle meine Schlüssel, für die Wohnung, fürs Auto ... mein Auto! Macht mal Platz, ich muss nach meinem Auto sehen ..."

Alfred, Karl, Ilse und Müller drängen aus der Garderobe zur Tür.

„Gott sei Dank! Da drüben steht es!"

Ilse deutet auf einen blauen Porsche auf der gegenüber liegenden Straßenseite.

„Du hast doch nur Freunde und Bekannte eingeladen, oder?"

Müller geht in die Gaststätte zurück, die kalte Nachtluft und die Vorstellung, dass ein Dieb unter den Gästen ist, lassen ihn frieren.

„Klar, ich kenne alle!"

Alfred Hübner ist verzweifelt.

„Wir müssen das Auto beobachten! Wenn jemand meine Autoschlüssel geklaut hat, dann klaut er auch das Auto!"

Ilse ist jetzt ziemlich aufgeregt.

„Mach doch was, Helmut! Du bist doch Detektiv!"

„Moment mal, Ilse. Überlege doch bitte zuerst, wo du die Tasche hingehängt hast. Zuerst müssen wir alle Möglichkeiten prüfen, bevor wir von Diebstahl reden ..."

„Also, ich war auf der Toilette, aber das habe ich ja schon gesagt. Und dann habe ich die Tasche unter meinen Mantel gehängt. Und dann habe ich mit dem Zorro kurz geredet und dann bin ich wieder in den Saal gegangen ..."

„Wer ist Zorro?"

„Also, mit dieser blöden Maske, ... ich weiß nicht."

Alfred schaut auf seine Freunde.

„Kennt ihr ihn nicht?"

„Nein, niemand, den ich kenne ... Aber wie du schon gesagt hast, mit dieser Maske erkennt man ihn nicht!"

„Wo ist er jetzt?"

Helmut Müller, Alfred, Karl und Ilse stehen an der Garderobentür und schauen in den Saal.

Die Party ist in vollem Gang. Die kostümierten Gäste tanzen, stehen in kleinen Gruppen, reden, lachen, essen, trinken.

„Da! Da hinten!"

„Wo denn?"

„Da hinten, an der Bar!"

Müller stellt sich auf die Zehenspitzen, um besser sehen zu können. Tatsächlich. Zorro steht an der Bar und neben ihm Bea Braun! Beide amüsieren sich. Zorro flüstert immer wieder in Beas Ohr und Müller sieht, wie seine Sekretärin laut lacht.

„Bitte, Helmut, äh, kannst du das diskret machen, ich meine, das Fest, äh, die Leute ..."

„Verstehe, Alfred. Ich schlage vor, du bleibst hier an der Garderobe und ich knöpfe mir mal Zorro vor. Ihr beiden könnt euch ja amüsieren ..."

„Sehr witzig! Aber auf den Schreck brauche ich was zu trinken. Kommst du mit, Karl?"

Müller drängt sich durch den Saal. Die Gäste tanzen, ziehen ihn mit sich, tanzen mit ihm.

„Hallo, Elvis! Gibst du mir ein Autogramm?"

„Wann ist dein Auftritt?"

„Komm, Elvis, tanz mit mir!"

Müller befreit sich aus dem Gedränge und erreicht die Bar. Bea und Zorro sind verschwunden.

„Peet, hast du meine Sekretärin gesehen?"

„Du meinst, das Go-go-Girl? Tja, klar, die habe ich gesehen. Aber die ist schon besetzt! Zorro, der Rächer ..."

„Quatsch nicht! Wo sind sie ...?"

„Da musst du schon besser aufpassen, Meisterdetektiv! Nein, ich weiß es nicht. Eben waren sie noch da, vielleicht sind sie tanzen ..."

Müller stellt sich wieder auf die Zehenspitzen und schaut in den Saal.

Die Musik dröhnt und auf der Tanzfläche herrscht ein Durcheinander von Kostümen.

Da! Auf der anderen Seite der Tanzfläche sieht er Bea. Eng umschlungen tanzt sie mit Zorro.

„Bea! Bea!"

Müller ruft und winkt mit beiden Armen. Aber die Musik ist viel zu laut und nur ein paar Gäste in seiner Nähe blicken erstaunt auf den Privatdetektiv.

Wieder drängt sich Müller in die Menge und versucht die andere Seite des Saals zu erreichen.

Beide sind weg.

„Helmut! Helmut!"

Die Rufe kommen vom Ausgang.

Müller zwängt sich in Richtung Garderobe. Auch hier stehen viele Gäste, das Büfett ist belagert.

Endlich steht er im Gang zu den Toiletten. Alfred läuft ihm entgegen. Sein Kostüm ist zerrissen und er hat ein blaues Auge.

„Er ist weg! Der Mistkerl ist weg! Mit dem Porsche von Ilse und mit deiner Freundin!"

„Sekretärin! Bea ist meine Sekretärin ..."

„Ist doch egal! Sie ist mit ihm abgehauen! Und ich konnte ihn nicht aufhalten ...!"

8

„Gib mir mal eine Zigarette ..."

Eigentlich hat Helmut Müller schon lange mit dem Rauchen aufgehört, aber jetzt vergisst er seine Vorsätze.

„So ein Mist! Bea! Immer diese Männergeschichten ... aber mit einem Dieb, das kann ich nicht glauben!"

„Immer mit der Ruhe, Helmut! Vielleicht hat sie der Typ ja entführt?"

Alfred und Helmut Müller sitzen in einer Ecke der Gaststätte und rauchen.

„Du hast ja Recht, Alfred. Immer mit der Ruhe. Was ist denn nun eigentlich alles geklaut worden?"

„Die Handtasche von Ilse und ihr Wagen und ... Mensch, ihre Wohnungsschlüssel! Wir müssen sofort die Polizei anrufen, sonst geht der Typ noch in die Wohnung von Ilse ...!"

„So blöd wird er ja wohl nicht sein. Aber wir sollten wirklich die Polizei anrufen. Das schöne Fest ... und alles wegen so einem Trottel! O.k., Alfred: Ich suche Ilse und du suchst ein Telefon. Irgendwer hat bestimmt ein Handy dabei. Dann rufen wir die Polizei an, geben das Autokennzeichen durch und die Adresse von Ilses Wohnung. Und Karl brauchen wir auch, wegen der Kreditkarten ..."

„Herr Müller?"

„Äh, ja bitte ...?"

Der Besitzer der Gaststätte steht neben Müller mit einem Telefon.

„Ein Anruf für Sie!"

„Ein Anruf? Für mich? Wer ruft mich denn hier an? Hallo, Müller hier ..."

„Hallo, Chef! Melde, der Dieb ist gefangen!"

„Bea! Wo sind Sie? Was ist los? Welcher Dieb ...?"

„Zorro! Zorro, der Dieb! Ich sitze hier in seinem Wohnzimmer und der Dieb ist im Badezimmer eingesperrt! Die Polizei habe ich auch schon angerufen ..."

„Äh, und Sie, äh, ich meine ...?"

„Ich warte auf Sie! Sie könnten mich doch abholen. Ich wollte schon immer mal mit Elvis tanzen! Ich schlage vor, Sie nehmen ein Taxi. Die Adresse ist Filzengraben 20 und dann bringen wir den Porsche zurück und amüsieren uns ...!"

Müller nimmt ein Taxi und fährt zu der Adresse. Vor dem Haus stehen zwei Polizeiautos.

Zorro, diesmal ohne Maske, wird in Handschellen abgeführt. Müller kennt ihn nicht.

Nach einem kurzen Gespräch mit den Beamten fährt er zusammen mit Bea im Porsche von Ilse wieder zurück zur Geburtstagsparty.

„Ja, äh, also Bea, ich muss gestehen, ich bin wirklich neugierig. Ich dachte schon ...“

„Was haben Sie gedacht? Dass ich mit einem Dieb gemeinsame Sache mache ...? Also Chef!“

„Nein, natürlich nicht! Ich meine nur, ich bin neugierig, wie Sie den Fall, äh, ich meine den Dieb, also ...“

„Wie ich draufgekommen bin?“

„Genau! Sie wussten doch gar nichts von den Diebstählen?“

„Chef, können Sie mir sagen, wie spät es ist?“

„Was hat das jetzt damit zu tun? Warum wollen Sie die Uhrzeit wissen?“

„Schauen Sie doch mal auf Ihre Uhr, Chef!“

„Äh, wenn's denn sein muss. Moment!“

Müller versucht den Ärmel seines Anzugs zurückzuziehen. Keine Uhr!

„Na, wo ist denn die Uhr?“

Müller überlegt und dann fällt ihm ein, dass er sie in seine Manteltasche gesteckt hat und der Mantel hängt in der Garderobe ...

„Also, ich sitze an der Bar und unterhalte mich mit Peet. Da kommt so ein Typ, ich meine Zorro. Er unterhält sich mit mir. Aber irgendetwas stimmt mit diesem Typen nicht. Dauernd schaut er in den Saal, er wirkt nervös.

Und plötzlich schaut er auf die Uhr. Auf Ihre Uhr! Und wenn ich eine Uhr wieder erkenne, dann Ihre Uhr! Sie lassen sie doch andauernd auf dem Schreibtisch liegen: ‚Bea, haben Sie meine Uhr gesehen?‘“

Bea kichert und erzählt weiter:

„Ja, und dann hat er mich zum Tanzen aufgefordert und beim Tanzen hat er mich zu einer Stadtrundfahrt eingeladen. Und da dachte ich ...“

„Mensch, Bea! Mit einem wildfremden Ganoven wollten Sie ...“

„Na ja, ein bisschen hatte ich schon Angst. Vor allem als der Typ Alfred ein blaues Auge geschlagen hat.

Alfred wollte ihn aufhalten und da wusste ich, dass irgendetwas nicht stimmt! Und vor allem als er mich zu dem Porsche gezogen hat: Er hat zu lange nach dem richtigen Schlüssel gesucht und der Sitz war falsch eingestellt, seine Beine waren viel zu lang. Und den Rest kennen Sie ja. Die Stadtrundfahrt war ziemlich kurz. Er ist direkt zu seiner Wohnung gefahren. ‚Trinken wir bei mir noch was ...?‘ Und bei der ersten Gelegenheit habe ich nach dem Badezimmer gefragt und hab den Schlüssel abgezogen. Und den Drink habe ich dann über mein Kostüm geschüttet und er ist gleich ins Badezimmer gelaufen, um ein Handtuch zu holen, und ... bingo!“

Erstaunt hört Müller die Geschichte.

„Ja, äh, Kollegin, also, wir beide könnten Partner werden ...“

9

Bea Braun, Helmut Müller und Alfred Hübner stehen am Straßenrand in einer Menschenmenge. Alle sind kostümiert und guter Stimmung. Sie betrachten den Rosenmontagszug.[10]

Musik- und Tanzgruppen in prächtigen Kostümen ziehen an ihnen vorbei. Auf großen, geschmückten Wagen winken Prinzessinnen und Prinzen der Karnevalsgesellschaften[11] den Menschen am Straßenrand zu. Sie werfen Bonbons und Schokolade in die Menge.

„Alaaf! Alaaf!“

Helmut Müller schaut auf seine Uhr.

„Ich will ja kein Spielverderber sein, aber in zwei Stunden fährt unser Zug ...“
„Schade! Ich könnte bis zum Kehraus[12] weiterfeiern ...!“

„Also ihr beiden, kommt gut nach Hause. Es hat mich riesig gefreut, dass ihr gekommen seid!“
„Jetzt bist du dran! Besuch uns doch bald mal in Berlin!“
Alfred Hübner verabschiedet sich und diesmal bekommt Bea auch einen Kuss.

Kurze Zeit später sitzen Bea Braun und Helmut Müller im Speisewagen.
„Der Typ, äh, Zorro, also der Dieb, den Sie gefangen haben, wurde schon lange von der Polizei gesucht. Er hat sich immer auf Maskenbällen eingeschlichen und geklaut. Die Polizei hat in seiner Wohnung eine Menge Sachen gefunden. Ich soll Ihnen im Namen der Kölner Polizei ausdrücklich danken ...“

„Muss i denn, muss i denn zum Städtele hinaus ..."

„Bea! Hören Sie mir überhaupt zu? Was singen Sie da ...?"

„Kennen Sie das nicht, Elvis? Das ist ein altes Volkslied. Ihr berühmter Kollege, also der junge Elvis Presley, hat das gesungen. Er hat in den fünfziger Jahren seinen Militärdienst in der Nähe von Heidelberg geleistet. Und damals hat er das Lied aufgenommen. Ein bisschen hätten Sie sich schon informieren können, Elvis ..."

„Elvis! Elvis! Schluss jetzt mit Elvis. Das war ein Kostüm, lustig, aber eben nur ein Karnevalskostüm."

„So? Dann schauen Sie doch mal in den Spiegel, Elvis!"

Müller beugt sich über den Tisch und blickt in den Spiegel.

ENDE

Landeskundliche Anmerkungen:

1 Oktoberfest = Volksfest in München
(s. den Krimi „Oktoberfest" in der Reihe „Felix & Theo)

2 Drogendealer = Kriminelle, die mit Drogen (Heroin, Kokain, Crack u.s.w.) handeln/dealen (engl.: to deal)

3 Kölner Express = Kölner Boulevardzeitung

4 und 5 Asterix und Obelix sind die Helden einer französischen Comic-Strip-Serie.

6 Sherlock Holmes, weltbekannte Detektivfigur in Kriminalromanen von Sir Arthur Conan Doyle (1859 - 1930)

7 Elvis = Elvis Presley (1935 - 1977), weltberühmter Rock'n'Roll-Sänger, Gitarrist und Filmstar

8 Halve Hahn = halber Hahn: So heißt in Kölner Gaststätten ein halbes Brötchen mit einer Scheibe Käse drauf.

9 Go-go-Girl = Vortänzerin in einem amerikanischen Tanzlokal

10 Rosenmontagszug: Im kölschen Karneval ziehen am Rosenmontag geschmückte Karnevalswagen mit großen Pappfiguren durch die Stadt, die Ereignisse und Personen aus dem öffentlichen Leben durch den Kakao ziehen. Tausende von Menschen stehen am Straßenrand und fangen die „Kamelle" (Bonbons) auf, die von den Wagen in die Menge geworfen werden.

11 Karnevalsgesellschaften organisieren den offiziellen kölschen Karneval, die Prunksitzungen und den Rosenmontagszug. Wer in bestimmten Berufszweigen Karriere machen möchte, kommt um eine Mitgliedschaft in einer der Gesellschaften kaum herum.

12 Kehraus = Karnevalsdienstag, letzter Tag des Karnevals. Am Aschermittwoch ist alles vorbei, wie es in einem alten kölschen Karnevalslied heißt.

Übungen und Tests

1. Was steht im Text?

	R	F
Bea hat noch nie Karneval in Köln gefeiert.	☐	☐
"Alaaf" ist ein niederländisches Wort.	☐	☒
Müller ist eifersüchtig auf Alfred.	☐	☐
Müller liebt Maskenbälle.	☐	☐
Als Kind mochte er Karneval nicht.	☐	☐
Er will kein Obelix-Kostüm.	☐	☐
Er ist sehr schlank.	☐	☐
Elvis Presley war ziemlich dick.	☐	☐

2. Gucken Sie sich die Bilder an: Als wer will Müller zum Kölner Karneval gehen?

3. Bea bereitet die Reise nach Köln vor. Woran muss sie denken?

Termine	Telefonate	Kosten	Gepäck	...

1. - 4. Ordnen Sie die Überschriften den Abschnitten 1. - 4. zu und schreiben Sie eine kurze Zusammenfassung zu jedem Abschnitt.

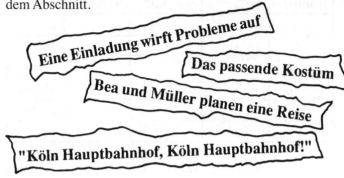

Eine Einladung wirft Probleme auf

Das passende Kostüm

Bea und Müller planen eine Reise

"Köln Hauptbahnhof, Köln Hauptbahnhof!"

5. - 6. Fahren Sie auch zum Kölner Karneval! Wie verkleiden Sie sich? Beschreiben Sie Ihr Kostüm oder malen Sie ein Bild. Sie können diese Redemittel benutzen:

Ich

verkleide mich als ...

gehe als ...

möchte ... werden/sein.

ziehe ... an.

klebe mir ... an.

binde ... um.

setze ... auf.

schminke mich ... (mit ...).

färbe mir die Haare ...

6. Helfen Sie Helmut Müller. Was geschieht

wann?	wo?	warum?	wie?	wem?
				Karl
				Ilse
				Alfred
				Müller
				Zorro
				Bea

Wen verdächtigen Sie? Warum? Machen Sie einen kurzen Bericht für Helmut Müller.

7. - 8. Beschreiben Sie, wie sich Müller, Bea, Alfred und Zorro in Abschnitt 7 und 8 verhalten. Sie können die Wortkisten zu Hilfe nehmen.

rauchen	tanzen	frieren	sich amüsieren	
flüstern	verschwinden		überlegen	
sich unterhalten	anrufen		abhauen	
nachdenken	klauen		wiedererkennen	

nervös	ruhig	klug	enttäuscht	stolz
ärgerlich	umsichtig		gewalttätig	
listig	fröhlich	eifersüchtig		neugierig
verzweifelt	ängstlich		erstaunt	

Müller ist eifersüchtig auf Zorro.

38

1. - 9.   Stellen Sie sich noch einmal die ganze Geschichte vor und ordnen Sie zu.

	a) hat sich als Elvis verkleidet.
	b) hat einen Maskenball veranstaltet.
Zorro	c) hat ihre Handtasche gesucht.
	d) hat Zorro im Bad eingesperrt.
Alfred	e) hat eine Einladung nach Berlin geschickt.
	f) hat Müllers Uhr an Zorros Arm entdeckt.
die Polizei	g) hat sich auf dem Ball eingeschlichen.
	h) hat seine Brieftasche gesucht.
Müller	i) hat Karl, Ilse und Müller beklaut.
	j) hat mit Zorro getanzt.
Ilse	k) hat Alfred geschlagen.
	l) ist mit Bea nach Köln gefahren.
Karl	m) hat eine Maske getragen.
	n) war eifersüchtig auf Zorro.
Bea	o) ist mit Zorro nach Hause gefahren.
	p) hat Zorro in Handschellen abgeführt.

1. - 9. Was geschah wann? Ordnen Sie die Sätze, die Sie oben zusammengebaut haben, in der richtigen zeitlichen Reihenfolge.

e) ⟶

Sämtliche bisher in dieser Reihe erschienenen Bände: